Voces De Dolor

Aida Lopez

Order this book online at www.trafford.com
or email orders@trafford.com

Most Trafford titles are also available at major online book retailers.

Print information available on the last page.

ISBN: 978-1-4907-7497-8 (sc)
ISBN: 978-1-4907-7737-5 (e)

Trafford rev. 10/14/2016

Trafford PUBLISHING® www.trafford.com

North America & international
toll-free: 1 888 232 4444 (USA & Canada)
fax: 812 355 4082

Contents

Segundo Acto

La cotorra

Introducción

Este libro recoge vivencias y ejemplos de relaciones tormentosas, violentas y disfuncionales. Demuestra el deterioro social y de familia. Nos trae conocimientos de las consecuencias y nos invita a un mejor estilo de vida. Nos informa y nos trae ejemplo de personas que supieron superar circunstancias adversas de sus vidas. Demuestra como una fe firme nos inspira a seguir adelante, de una manera satisfactoria. Con nuevos tema y otros cuidadosamente seleccionados y modificados por la autora, de sus otros tres primeros libros, quiso unirlos para llevar un mensaje más completo e inspirador para al lector.

Por su valor educativo piensa, que este libro, "**VOCES DE DOLOR**" no debe faltar en su biblioteca favorita, en su casa, Iglesias, y en programas que estén a favor de la seguridad familiar y contra el abuso y la violencia doméstica.

Ha sido largo para la Aida López, la escritora, lograr publicar este cuarto libro. En todos y cada uno, deja su esfuerzo, su amor y sus vibras positivas. Brindar sus conocimientos es algo de lo que se siente muy afortunada. Ella es amante de la justicia, e impulsa el valor de los buenos principios y la fe. DE TU VIDA A LA MIA, es su tercer libro. Búsquelo ya, en Stanfford.com.

Datos Biograficos De La Autora

La escritora Puertorriqueña Aida López, nació en San Sebastián en Puerto Rico, en el 1944. Hija menor de la Señora Juana Ramos y Señor Juan E. López. Su cuna fue el barrio Alto Sano donde creció junto a una hermana y tres hermanos, al cuidado de su madre. De joven fue miembro activo del movimiento Católico juvenil de su barrio. En la Iglesia Católica (de su pueblo) San Sebastián de Mártir, fue bautizada, hizo su primera comunión, confirmación y de adulta contrajo matrimonio. Es graduada de la Escuela Superior de su pueblo, donde también obtuvo diploma en Educación Comercial. En Mayagüez, Puerto Rico, se graduó de Secretaria Bilingüe.

Desde joven reside en New Jersey, "El Estado Jardín" donde continuó con su preparación académica. Durante su trabajo y servicio profesional, obtuvo otros adiestramientos y certificaciones profesionales. Se destacó trabajando en el campo de servicio social hasta retirarse. Administró barios pequeños negocios de su propiedad, en New Jersey y Puerto Rico. Tiene tres hijos y una hija. Todos mayores de edad y realizados. En lo presente tiene ocho nietos; ayuda a una organización sin fines de lucro y es miembro activo del Concilio Puertorriqueño de Nueva Jersey. En su tiempo libre disfruta de su familia y escribe cuando se siente inspirada.

En el 2010, aplicó y obtuvo el derecho del autor, (copyright) otorgado por, La Librería Del Congreso de los Estados Unidos en Washington, D.C. Dedicarse a escribir no era una opción para ella, a pesar de que desde muy joven presentó su inquietud por escribir poesías. Pero, es cómo nos dice y citamos: "Dios tiene un día y una hora para todo" y si escribir ahora, es el plan de Dios, para mí… "Pues que se haga su voluntad hasta el final de mis años o días de vida."

Los libros titulados. "DE TU VIDA A LA MIA" y "VOCES DE DOLOR" son los dos últimos libros escritos por Aida López. Su primer libro titulado, "Historias Clásicas en Poemas de la Vida Real", fue publicado por authorhouse, en el 2012. El segundo libro titulado; Corazón Noble y Poemas, lo público Xlibris, en el 2013. Todos los puedes conseguir en amazon.com y/o en las tiendas Barnes & Noble o en cualquier otra tienda de libros. Todos cuántos han leído los libros anteriores, aseguran el éxito de los dos últimos. Dramatizar, o crear canciones con algunos de los temas relatados en sus libros, puede ser posible. No cabe duda que la Señora Aida López, es un talento y un orgullo hispano. Reconocido en toda Hispanoamérica.

Dedicatoria

Este libro, es inspirado en honor de aquellas
víctimas que han sabido decir- **NO**-
a los abusos, a los vicios y maltratos.

Sí, a una vida sana y real.

~ Y en memoria de aquellas que ya no están. ~

Amargo Amor

Descubrí que no me
quería.
Que de mi amor te
burlabas.
No supiste respetar
el amor que por ti
tenía.

Yo te amaba ciegamente
tú sabes que eso
era así.
Tal vez tú me finjáis y
te aprovechabas
de mí.

Algunas personas
no entienden lo que
por ti yo sufrí.
El abuso, y el
maltrato,
que junto a ti yo,
viví.

Espero que Dios, te
cobre el dolor que me
cáusate!
¡Que te veas triste,
sólo y desesperado
como tú, un día me
dejaste.

Perdedor

Me fuiste infiel,
cuando sin motivos
ni razones de mi lado
te alejaste.

Ni siquiera una
buena explicación
me pudiste dejar.
Me fallaste aún cuándo
sabías que mi amor
y mi vida te entregaba.

Me humillaste al
Ignorar mi dolor y
con cruel indiferencia
marcharte.
Entre amigos y
familiares te presumías
de lo mucho que me
querías.

Decías:
"Que yo era tú cielo,
tú tierra, el motivo
de tú vida".

Me jurabas que a tú
lado nada me faltaría
"Que en las buena o en
las malas junto a mi
siempre estarías".

Sin embargo un día sin
motivos ni razones, ni con
mucha explicaciones…
"Me abandonaste".

Por eso te llamo
perdedor.
Porque de tus
promesas te burlaste.

Historia De Amor

Una vez yo tenía un amigo, apenas y tendría doce años y le exclamé y le imploré…"Déjame caminar Dios mío, que necesito ayudar a mi madre… **"Y pude caminar en corto tiempo."**

Cuándo fui adulta y estaba casada, tuve una crisis muy grave. A Dios sin reparos aclamé. "Doblé rodillas, puse mi frente sobre la tierra fuertemente imploré" … ¡Sálvame Dios mío, de este enemigo, sálvame junto a mis hijos! *Y Él me escuchó.*

Libre, sana, capaz de seguir adelante me libero de aquella situación. Ahora que esas tormentas han pasado y mi dolor se ha mejorado, reconozco que ha sido fácil el camino. Miro para atrás y hago un recuento de mi vida; de cuántos para mí fueron importantes.

Recuerdo mi infancia, mi casa, mi madre, mis hermanos, amigos y familiares. Mi esposo he hijos y me di cuenta que solamente un amigo se ha quedado conmigo, y me sigue acompañando. No se divorcia, no me deja. Cuándo lo he necesitado siempre dice "**presente**". Me acordé de él y de su fidelidad, porque aunque estoy viviendo mi tercera edad... *¡Sigue conmigo!*

Hace poco, alguien me contó de lo sólo y enfermo que se encontraba y yo le contesté... "Se puede vivir muy acompañado y entre muchas personas y sentirse muy sólo."

En cambio tú, me dijo: "No tienes a nadie en tú casa y vives con una sonrisa y un brillo, pintado en tu cara." Yo me reí y le contesté: "Es que tú necesitas un amigo como el mío, que nunca de ti se cansa, ni se aparta; mi amigo puede ser tu amigo y de todos quienes le aclaman". "Mi amigo se llama...... .... *J E S U C R I S T O* .... y nunca te desampara".

Malditos

Malogradas sean las
manos, de todos
aquellos que tocan
a los niños con malas
intenciones.

¡Que se les aduerman!
¡Que en su espíritu
no exista la paz y que
no puedan reconciliar
el sueño!

¡Que todas las malas
enfermedades los
persigan!
¡Que caminen sin
llegar a ningún lado!

¡Que en sus partes
intimas cojan
g u s a n o s!
¡Que los alimentos
del plato a la boca

se les desaparezca!
¡Que la cara se les
retuerza!

¡Que la tierra sea
cómo espinas cuando
caminen por ella!
"Que lentamente y
podridos, mueran".

Decisiones Tardias

Que me querías…
Que en las buenas y
en las malas por mí
siempre estarías..
¡Juraste ante un altar
un día!

Sin embargo todo fue
una cruel mentira.
Me insultabas, me
maltratabas y a nuestro
hijo no querías.

Irónicamente decías,
Que yo de ti, contaba
mentiras.
"Que no hicieran
caso de lo que yo decía.
"Que loca parecía
y que por caridad tú,
me aguantabas."

En cambio cuando
yo, trataba de huir
de tu lado…

Te desesperabas,
llorabas y me pedía..
"Que de favor no me
fuera, que con tu
vida acababas, si yo
te dejaba,"
¡Que tu cambiarias!

Yo, como buena tonta
de ti me apiadaba y
regresaba a la prisión
de tus abusos y de tus
canalladas.

~~~

Ahora, no sé donde
estoy.
Me siento por el aire
flotar.
Veo a mi familia llorar.
A mi hijito triste y
confundido.
Sin una madre que
lo cuide y le de las
atenciones que
solamente yo, por
ser su madre, le
sabía dar.

Adolecente Abandonado

Estabas presente pero,
era como si no
estuvieras.
Cuando yo llegaba
tú salías.
Cuando yo dormía,
tú aparecías.
En el fin de semana
te ibas…
Decías que tenías que
disfrutar tu vida.

En casa me dejabas.
Con mis amigos y
vecinos, me entretenía.
Si algo malo me
ocurría, tú no lo
sabias.

Cuando nos veíamos,
era tanto lo que
teníamos que decirnos…
"Que nos discutíamos
como enemigos".

¡Habían tantas lagrima
y sollozos callados,
tantos momentos de
espera y desilusión!
"Que aquel momento que
compartíamos juntos,
solamente servía para
gritarnos y hacernos
daño."

Tú no sabes lo triste
que era vivir sin ti...
¡Madre mía!

Despedida

Adiós mi amor.
Hoy descubrí que no
estas hecho para mí.
Yo tengo ternura, tengo
un corazón para
amar y compartir.

El amor es fiel, no cela,
no provoca.
No es competencia
de poder y control.

El amor es abundancia
y prosperidad.
No se burla, ni se
alegra de lo que al
otro le salga mal.
Te quiere, no te hace
daño, ni te abandona.

El amor te da paz y
tranquilidad.
Seguridad en ti mismo.

El amor es libre como
el aire.
No es libertinaje, ni
traición.

Respeta su compromiso
por donde quiera que
va.
No importa distancia
ni soledad.

Es así como comprendí
que nuestro sentido
de amar no es igual.
Por lo que tengo
despedirme de ti.
¡Adiós, adiós, mi amor!
¡Te tengo que dejar ir!

Rechazados

Bendice Señor Jesús,
a todos aquéllos que
están solos, enfermos y
desamparados..
Olvidados por quienes
su juventud
y su vida les dieron.

¡Cubre Señor, con tú
manto, sus necesidades
físicas y mentales.!
Ayúdalos, a obtener el
servicio médico
necesario.
Dale un techo para
que vivan seguros y
acobijados.
¡No permitas que le
hagan daño!

Perdona Señor, aquellos
familiares y amigos que
se dicen tan ocupados.
Buscando toda
clase de excusas para

abandonar y desatender
a estos seres humanos.

¡Perdona tu pueblo
Señor!
¡ Perdónalos, por vivir
tan engañados!
Llenos de vanidad y
materialismo…
¡Rechazando a sus más
amados!

DE TU
VIDA A LA
MIA

AIDA LOPEZ

Secreto De Familia.

Érase una vez…
Una niña muy buena,
que a su madre todo
le contaba.

En aquel particular
día, le dice a su madre
que desea confesarle
algo.
Algo que pasó
mientras ella
estaba trabajando.

Es papi, mamá, es
algo de papi.
"Se entró al baño,
me miró por encima
de la cortina mientras
me estaba bañando".
"Me tocó y por mis
pechos su boca pasó."
"Yo grité y en la
cara me pegó.."

Luego me advirtió
que a todos nos
mataría, si te lo
contaba yo

~~~

En aquel momento
para aquella madre,
todo se oscureció.
Un dolor, un coraje,
una impotencia tan
grande, fue lo que
sintió.
De las palabras de
su hija nunca dudó.

Pensó, pensó, y
decidió…
"En la misma cama
no me acostaré
más, con él."

Se preguntaba…
¿Lo enfrentaré, lo
denunciaré, lo
mataré?
¿Y de mis otros
hijos, qué?
¡Sin padre y sin
madre los dejaré!
¿Se quedaran solitos,
brincando de hogar
en hogar?

No, no…
Sola, los criaré.
Los educaré bien.
"Que amen y respeten
a los demás."
"Que tengan temor
de Dios, y buena
voluntad."

Se las inventó y de
su casa cómo a las ocho
de la noche por leche
con sus niños salió…

Y se fugó.

¡Al cielo, se inclinaba y
aclamaba!
¡Dios, no te olvides de
estos hijos que Tú, me
diste!
¡Yo, fui solamente el
Instrumento que tú
usaste, para que ellos
nacieran!
¡Sin ti no podré,
Señor, dame fuerzas!

~~~

Al Dios, día a día,
exclamaba y exclamaba.
Pues, estaba muy
asustada.

No sabía que sería
lo mejor.
Evitando un problema
mayor y sin saber
qué decisión coger…
'De su fe, se agarraba"

No lloraba, era como
el payaso, que con su
maquillaje su dolor
oculta…

~~~

El divorcio llegó,
el tiempo pasaba.
Llegó a la conclusión
de que tenía que
reponerse.
Agarrar fuerte de
las manos a sus
niños, para sacarlos
adelante.
¡Ellos eran unas
victimas más, de la
mala decisión de
aquél mal hombre.

~~~

¡Pobrecita de la
niña, ya no juega,
ni baila.
Tampoco canta en
su cama como

acostumbraba.
Ahora es tímida y
callada.

~~~

Han pasado los
años y la niña no
es Igual jamás.
Tal vez piensa que
tuvo alguna culpabilidad.
Pues, ya nada la
hace feliz.

¿Culpable de qué
amada niña?
Tú, eras
una inocente niña.

Tú fuiste víctima
de un abusador.
¡De un mal hombre,
de un infeliz canalla!

RECUERDOS DE FAMILIA
LOS TRES HIJOS Y LA HIJA DE AIDA LOPEZ

LEANDRO, ALEJANDRO, RAMÓN ISMAEL
MAGALI Y AIDA LÓPEZ - MADRE

BANDERA

Victima O Canalla

Convivencia es dar la
cara.
No dejar ir el problema,
enfrentarlo..
Habar de lo ofendido,
de lo ocurrido.

Dialogar, es lo mejor.
No sentirse avergonzado,
Y hablar de lo que
escondes en ti mismo.

Dime, habla…
Quién te daño, quien te
lastimó tanto.
¿Quién te abuso, quien
te traicionó?

Nadie tiene que pagar
por lo que a ti te pasó.
Mucho menos yo,
que vivo para amarte,
y que soy la madre de
tus hijos.

Hablar, es la semilla
del entendimiento.
Pedir perdón, no siempre
es la solución.
Es una humillación, si
no eres sincero y si no
viene del corazón.

Si no hablas del asunto,
es porque no estas curado.
No confía en ti mismo,
tienes miedo de ti.
No, lo escondas, no, lo
niegues.
No seas un cobarde.

La violencia no resuelve.
Se valiente y busca ayuda.
Para que con el tiempo,
nos demuestres que
nos amas, y que estas
arrepentido.
¡Que no eres un peligro
para mí y nuestros hijos!

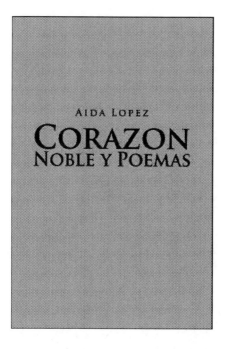

Aida Lopez

Corazon
Noble y Poemas

Lágrimas De Un Niño

El niño, apenas y tendría
ocho añitos y a su madre
comentó:
"Yo sé que mi papá, no
volverá."
"Que nuestro carro
se perdió."
"Que a nuestra casa no
volveremos y que con
nuestros juguetes, más
no jugaremos."

~ ~ ~

Tal y como dijo el
niño pasó.
El banco les quitó
la casa.
El carro porque no
se pagó.
Los juguetes abandonados
quedaron, y su padre
a otro lugar partió.

~ ~ ~

Han pasado muchos
años y el dolor sigue
callado.
En su mente sigue
gravado el dolor y
el llanto de sus hijos
amados.

~~~

Desearle mal no me
atrevo.
Pues a Dios, le temo.

El recuerdo de su infamia
nunca se ha curado.
Es cómo una herida
infectada, que ni siquiera
el tiempo cerró.

Aun así, espero…
¡Que la soledad sea
su amiga!
¡Que la pobreza lo
persiga!
¡Que lo desprecien sus
más queridos!
¡Y que el remordimiento
por lo que hizo, no lo
deje dormir tranquilo!

Vicios Y Apuestas

Te escondías, te
desaparecías.
Nunca me acompañabas,
a donde yo te pedía.
En otras ocasiones
decías, que en la casa
a descansar te querías
quedar.

Cuando yo, regresaba,
ya tú no estabas.
Me hacías sentir triste,
sola y decepcionada.

En la soledad de mí
alcoba, meditaba y
pensaba, en lo que
podría hacer mejor
para que nuestra
relación felizmente
continuara.

Sin darme cuenta, día a
día a tus caprichos más me
sometía.

Pues, yo era la única
Interesada en que las
cosas cambiaran.

Un día que me
encontraba muy triste
y frustrada te perseguí.
De lo que vi, me
quedé asombrada.
Pues, al vicio del
juego y apuestas te
entregabas.

No, no era otra
mujer la que de mi
te robaba.
Era al maldito vicio del
juego con
quien me engañabas.
¡A quien tu tiempo y
dinero le dabas!

La Pareja

Las parejas, se ven muy bonitos cogidos de manos, riéndose y diciéndose cosas agradables al oído. Intentando dar los mejor de sí mismo. Así es como debe ser. Deben vivir una complicidad entre ellos mismos.

El amor, es extenso, maravilloso, nos da seguridad en nosotros mismos y nos hace feliz. No podemos descifrar la sensación que nos provoca y es algo que nuca olvidamos. Aunque esa pareja ya no esté presente.

¡Es bonito amar! Tenemos que amar y dejarnos amar. Es muy saludable para el alma y para el cuerpo. No nos podemos dar por vencidos por cosas que nos salga mal. Tenemos que seguir adelante y pensar que: "Más adelante vive gente y con mejores sentimientos". Para saber amar, tienes que amarte a ti mismo primero. Respétate, para recibir respeto y admiración por los demás. No te dejes humillar por nadie. Ni tú, ni nadie se merecen ser maltratado ni abusado. Huye de situaciones dudosas que no te sientas seguro/a o te causen infelicidad.

En el amor existen cosas que nuca cambiaran de moda. Tales como:

* La serenidad que una pareja debe tener con la otra.
* El compromiso entre dos y la felicidad que se deben.
* La complicidad de dos.
* La manifestación de afecto
* El gusto de estar el uno con el otro.

La pareja, no debe de dormir en cuartos separados. Entre una cosa y otra durante el día cuando se encuentran deben darse un beso o un abrazo.

Una pareja que cada vez que se miran a la cara, es para sacarse cosas en cara o para insultarse…. "Deben de revisarse".

Una pareja, que le interesa estar de fiestas con sus amigos/as fuera del hogar o que busca toda clase de excusas para salir sola/o… Deben de revisarse… "Ese huevo está podrido y apestando a cuernos".

Someteos, pues a Dios; resistid al diablo y huirá de vosotros
Santiago 4:7

Puerta Cerrada

¡La puerta está cerrada!
¡Nadie sabrá mi temor!
El insulto y el terror,
que me causa su mala
acción.

Mami, tiene dolor de
Cabeza y la puerta de
su cuarto cerró.
Es así como empieza,
mi calvario y mi terror.

En aquel beso de, buenas
noches, junto a la
bendición…
Siento una mano
venenosa que con toda
mala intención…
Recorre mi cuerpecito
lleno de asombro y
dolor.

"Dios, quiera que
nunca papi, me vuelva
a tocar así."

Dios, quiera que nunca
Mami, piense algo
malo de mí.

Pasó el tiempo y
continuaba el abuso, y
el terror…
Hasta que un buen
día a mami, se lo
conté, yo.

La puerta quedó cerrada.
Mi madre conmigo
a otro lugar partió.
Solamente queda el
dolor y el terror que nunca
se me curó

HISTORIAS CLÁSICAS EN

"Poemas de La Vida Real"

Aida López

Amor Morboso

¡Me hacías llorar!
Eras rudo y mal educado.
Me humillabas ante
los demás.
Me criticabas y decías:
"Que yo era una buena
para nada".
Cuándo estábamos
solos, cómo a una
niña me castigabas.

En el silencio de la
noche, cuando ya
estabas más calmado;
me pedias perdón y
me decías lo mucho
que me querías y
hasta llorabas.
Me decías que nunca
más lo harías y
cuánto odiabas lo
que hacías.

Pasado el tiempo,
en unos de tus

castigos me
golpeaste tan fuerte,
que al cementerio
casi me mandas.
"A mi familiares y
amigos yo, nada les
comentaba".

Ahora que el tiempo
ha pasado y te tienen
en el lugar apropiado.
He podido realizar.
el tiempo que a tú lado
perdí.
¡Espero que te encierren
hondo, con los ratones
y ratas!
¡Que voten las llaves lejos,
y que se olviden de ti.

Segundo Acto

VOCES DE DOLOR

Por El Licor

Besas a quien no conoces.
Haces lo que no pensabas.
Dices lo que no debías.
Te acuestas con quien
no sabes y ni siquiera
recuerda su nombre al
otro día.

Bailas, te excitas, te mueves,
cómo nunca imaginabas.
Todos son bonitos y elegantes,
en tus ojos ese día.
Haces cosas que te
avergüenzan y te arrepientes.

Puedes coger la cárcel,
perder tu compañero,
tus hijos, tu familia.
Coges enfermedades,
pierdes tu dinero y tu
tiempo.

Después de oír esto,
quisiera yo, aclararte.
"Que el licor, es una

droga, más fuerte de lo
que puedas imaginarte".

Si yo hubiese escuchado
consejos de aquellos
amigos y familiares.
Que a mí siempre me
advirtieron…
"No lo sigas".
¡D E J A L O!
¡Déjalo para mañana o
para luego!
¡Esa es la única forma,
que al licor le puedes
ganar el juego…

¡Ahora no estuviera en este
lecho, arrepintiéndome
de lo que mejor pude
haber hecho!

Sobre San Sebastian, Pueblo

Aida López, es puertorriqueña, del pueblo San Sebastián. Su cuna fue el Barrio Alto Sano.

El pueblo de San Sebastián, se encuentra localizado en el interior montañoso central del Noroeste de Puerto Rico (PR), fue fundado en el 1752. Tiene veinte y cuatro barrios. Su nombre común es: San Sebastián de "Las Vegas del Pepino". Es conocido como "La Cuna de la Hamaca." Su Santo Patrón es: San Sebastián Mártir".

Entre algunos eventos del pueblo de San Sebastián, tenemos:

El Festival de la Novilla .... El primer domingo de Enero.

Fiestas Patronales .... En el mes de Enero

Festival de la Hamaca .... En el mes de Julio

Noches Culturales .... Tercer jueves de cada mes

Mercado Agropecuario .... Todos los viernes.

San Sebastián, de Las Vegas del Pepino, ahora tiene su bandera. Es una bandera, un gran punto de identificación geográfico, casi siempre rectangular y tiene una gran capacidad de comunicar.

La cotorra

Mi Pueblo

MI PUEBLO ES BELLO.
MI PUEBLO ES PINTORESCO.
MI PUEBLO TINE SU BANDERA.

A MI PUEBLO LO LLAMAN
SAN SEBASTIAN.

MI PUEBLO TIENE SU APODO.
A MI PUEBLO LO APODAN
"LAS VEGAS DEL PEPINO"

MI PUEBLO ES CONOCIDO COMO
"LA CUNA DE LA HAMACA"

MI PUEBO ESTA HUBICADO EN UNA
I S L A

A MI ISLA LA LLAMAN
"LA ISLA DEL ENCANTO"
P U E R T O R I C O.

La autora comparte sus conocimientos

Violencia Doméstica.

La violencia entre familia y el abuso al menor, es una mala decisión, tomada por algunas personas. Eso es algo que no se debe ocultar, no se puede tolerar. El abusador no tiene cara. "Lo vez y no lo conoces, lo conoces y no lo vez". Puede ser un miembro de tu familia, de tu iglesia, tu vecino, tu amigo, quien menos tú crees capaz. La Violencia Doméstica, no está limitada solamente a las mujeres. El afectado puede ser un hombre. La diferencia es que se le hace más difícil hablar sobre el tema. No importa de quien se trate la Violencia Doméstica, es un **crimen.**

La persona afectada no debe acariciar la esperanza de que su abusador cambie. El abusador te confunde, te hace sentir como si te lo merecieras y que no hay otra solución, por lo que debe seguir aguantando. El abusador te manipula para ganar tiempo y más control sobre ti. Debes entender que tú no estás solo/a, que lo que te está pasando, no necesariamente es tu culpa.

Tú, no debes perder tiempo, ni la habilidad de decir, **NO.** Sal de esa situación… **AHORA… YA.**

Esperar será peor. El abuso verbal, el llamarte nombres, criticarte y provocarte ya sea en privado que en público,.. Está incorrecto. El abusador acusa a su víctima de su mala conducta, actúa de manera diferente en público que en privado. Algunos tienen cambios repentinos de temperamento, o conductas violentas, que te hacen sentir inseguros y con miedo. Personas así deben ser delatadas, y evitadas. La violencia y el abuso físico o mental no se pueden dejar en secreto. No importa cuál sea su raza, su orientación sexual, nacionalidad, color o su nivel económico; nadie está libre de caer en una situación abusiva.

Enseñe a sus hijos a que no se dejen maltratar, que si alguien los toca inapropiadamente, que hablen. **Que hablen.** Su cuerpo les pertenece y nadie debe tocarlos sin su permiso, ni donde él o ella se sientan incómodos. No importa que sea un **familiar**. Hable pero, ya.

La adicción a cualquier droga y al licor son otras de las herramientas que usan estos individuos, para ser abusivos, ya sea sexual que físicamente. **Delátelo,** no sea **cómplice.** Así sea su esposo, su hermano, su hijo, quien sea. **D E S C U B R A L O.** Será la mejor medicina que le puede dar para que reciba su merecido por las leyes. Aparte de hacerle un gran favor a la sociedad, porque repetirá sus "fechorías" otra y otra vez, si lo dejamos libre. Tal vez, nos quiera traer su historia triste de su infancia, para excusarse. Pero, eso a nosotros no nos debe importar, ni nuestra familia tiene que pagar por desgracias ajenas. Su lugar es la cárcel.

La adicción, puede ser un síntoma de un desajuste emocional, falta de estima propia, de amor por sí mismo y de respeto. Una alternativa para ayudar en la recuperación de la persona podría ser la espiritualidad. Mientras su estima propia crese va hacer natural para el amar y agradarse de otros.

Recuerde ciertos documentos que debe llevar consigo, en caso de que tenga una emergencia y necesites escapar de un abusador:

- Acta de nacimientos
- Algún dinero
- Pasaportes
- Licencia de manejar
- Bolsa con set de ropa y piezas íntimas.
- Números de teléfono importantes.

El número de la policía de tu localidad es importante que lo trates y pidas ayuda. De ser necesario haga uso del número telefónico Nacional, de ayuda en Violencia Doméstica. 1- (800) 787-3224. (TTY) 1-800-799-7233. Ellos nunca te defraudaran, creerán en ti, en tu problema y te ayudaran. No te tienes que sentir avergonzado, ni humillados. Ellos escuchan historias como la tuya de abuso y violencia, constantemente. Ahora mismo miles de personas están pasando por tu situación. Hablar y escapar a tiempo es la clave para evitar un crimen o un problema mayor.

No importa si eres un menor de edad, ellos tienen la capacidad de dirigirte. Estas personas son tus Ángeles invisibles y puedes confiar. ¡Todo, Te saldrá bien!

El Secreto Del Dedo
De Una Niña

Érase una vez una niña
que se chupaba el dedo.
No, porque fuera tonta.
Era por el gusto que
según ella le encontraba.

Una noche la niña,
se echó su sabana en
su hombrito, mientras
su dedo chupaba.
¡A buscar caliente a la
cama de sus padres
se encaminaba!

¡Lo que vio, la dejo
asombrada!
Su padre golpeaba a
su madre y trataba
de reventar su cabeza
sobre la mesa de
noche, que había
junto a la cama.

Su madre se defendía,
pero, él casi le ganaba.
¡Las fuerzas se le
agotaban!

Cuando su madre notó,
su presencia en la
puerta, parada…
Con su mano una señal
le hacía, para que
se alejara.

Cuenta la niña, ahora,
que es una adulta y
con tristeza de aquello
se acordaba.
"Que sintió una mano
pesada sobre su hombro.
Que la movía para
atrás y a su cuarto la
encaminaba".

¡Era la contestación,
de los ruegos, que con
la mente al cielo, su
madre daba!
Pues, si aquél hombre,
su presencia notaba,
seguramente le pegaba.

"La niña tenía, apenas
cuatro añitos y aquel
incidente, en su mente
quedó, grabado".

Ese mismo Ángel,
piensa ella y piensa
su madre…
La salvó de las manos
de aquél
maldito canalla…
¡Que casi la mata!

National Domestic Violence

1-800-799-7233
TTY: 1-800-787-3224

New Jersey (NJ) Domestic Violence Hotline
1-800-572-7233
24 hours a day/7 days a week.

New York State Domestic Violence Hotline
1-(800) 942-6906

North Carolina Domestic Violence Hotline
1-(919) 956-9121

South Carolina Domestic Violence Hotline
1-800-799-7233 (TTY)

Domestic Violence in Denver
1-303-318-9989

Florida Domestic Violence Hotline
1-800-621-4202.

Sahara of South Florida
1-800-500-1119

Alcoholic Anonymous
www.aa.org 1-(609) 298-7785

Mount Holly, NJ 08060 1-(609)-267-5928
New Brunswick, NJ 08901 1-(732) 279-7850

Drug Abuse Hotline
North Bergen, NJ 07047
(201) 867-5207
recovery.org

Información pública tomada del Internet

Hogar De Ancianos
Y Desprecio

Recuerdo que un día
te enojaste y me decías:
"No creas que voy actuar
cómo tus demás hijos
y una rutina de visitas
de mi vas a tener."

¡Yo, sentía su frialdad,
su falta de respeto y
caridad!
"Me quedaba callada"
¡Por dentro lloraba!
¡No creía, lo que oía.

Si le trataba de explicar,
se enojaba.
Mi esperanza era, que
reconociera su error y
que cambiara.
Yo sabía que en
ocasiones, hasta me
negaba.

Cuando llamaba se
presumía de lo
ocupado que estaba.
En días especiales,
a los niños no me
traían.
Había veces que ni
una llamada de él,
recibía en semanas.

Yo, como madre, siempre
lo esperaba y algún
regalito le guardaba…
Aunque no sé si, lo
apreciaba.

Lo que sí sé y le
puedo asegurar …
¡Que en sus venas lleva
mi sangre!
¡Que sigo siendo su
madre!
Que aunque él mismo
quisiera…
¡No lo podrá, borrar!

Plegaria

De los lazos del demonio líbrame, Señor.
De la ira, odio y mala voluntad, líbrame Señor.

Sean llenos de confusión los que atan
contra mi salud, mi vida, mi tranquilidad y
contra mi vida espiritual.

Sean inútiles Señor, de mis enemigos
sus pasos.

Hazme libre de todo maleficio y poder
del maligno espiritual. AMEN

De la Cruz de Caravaca, Tesoro de oración.
Puebla, México 9 D. F.

Maldito Vicio

¡Droga maldita que
confunde!
Que me enloqueces,
me hace sentir que
estoy alegre y que soy
feliz.

Engañosa droga, que
me aleja del amor, de
la familia y de la
realidad.
"Te hunde lentamente y
te arrastra en su
corriente sin poder
escapar.
Te hace decir y hacer
cosas vergonzosas,
para ti."

Maldito vicio que te
vence.
En pillo, criminal o
pordiosero, te puede
convertir.
Solamente te deja tres

caminos para elegir..
"La cárcel, una grave
enfermedad o la
muerte".

Droga maldita, que te
roba tu identidad, tu
belleza, tu salud; tus
Ilusiones.
Te envuelve lentamente
en mundo gris, oscuro
y vacío.
Donde pierdes el amor
por ti mismo y te aparta
de tus más queridos.

~~~

¡Maldita droga, si no
existiera, si nunca
nadie te hubiera traído
a mí!
¡Quien nos presentó
no fue un amigo;
sólo quería verme
Infeliz!

~~~

Te dejo mi salud, mi
familia y mis ilusiones.

Por ahora quiero
recuperarme, para que
otros aprendan de mí.

"Que la droga no es
buena".
"Que no es un juego,
que hace daño, es un
peligro."

¡Acaba contigo y todo
lo tuyo!
¡A largo plazo serás
muy infeliz!
¡Te causa penas, te
causa llanto!

¡No lo hagas, no lo
intentes.
"Es un veneno, daña tu
alma, daña tu mente".

~~~

Te dirán que es
mentira, que cuando tú
quieras, puedes salirte
de ahí.
¡Que tú tienes el
control de ti!

~~~

¡No los persigas, eso es
mentira, un día
sin darte cuenta te vas
a enviciar!

Para estar en moda y
ser aceptado, no te
tienes que embriagar.
mucho menos endrogar.

Fumador

¡Fumo cigarrillo!
¿Y qué?

Así hablan cuándo
están rendidos a
un vicio.
"Ellos no admiten el
daño, que el fumar
les causa."

~~~

Te perfora el pulmón,
te da cáncer en la
garganta.
Tú vida sexual opaca.
Tú células cerebrales
te mata, y hasta te
hace lucir mayor.

~~~

¿Entonces?
¡Tonto, necio o morón!
¿Cómo, es que no
admites el daño que un

cigarrillo le causa a
un consumidor?

¿A quién crees que
matas?
Si es tu propia vida con
la que acabas.

¡Vergüenza te debe dar!
"e por un cigarrillo la
batalla dejarte ganar".

Quienes te aceptan y
tus vicios amamantan…
"Es porque no te
quieren, no les importas
para nada".

~~~

¡Pobrecitas de aquellas
mujeres que fuman
preñadas!
No les importa el daño,
que a sus criaturas
causan.

¡Pobrecito de esos
niños!
Son despreciados desde
su morada sagrada.

~~~

FUMAR…
¿Por qué o para qué?
Si con tú salud y con
tú vida acabas.
¡Ese humo gris tú pecho
acobija y de negro lo
abraza.

Robert Pavlick, thank you, for always being there for me,
and
for believing in my projects.

About Tha Autor

Aida López, was born in San Sebastián, (El Pepino) Puerto Rico (PR). As a high school student she develop and an interest in business administration. She graduated in her home town and pursued studies in Mayaguez, P.R. As a child she often wrote short compositions but, never imagine or desire to publish her work. After she married, she left Puerto Rico P.R.) And moved to Northern New Jersey, where she continued her professional preparation. She also becomes the owner of a small business in the City of Paterson, New Jersey. At the same time she was working in the field of social services in her community. She has always been a true humanitarian, working to make a positive impact on the world around her. She founded a no-profit organization program, which aided the community of Passaic City in New Jersey; for over five years. Aida, is the mother of four children, one girl and three boys and has eight grandchildren. The two oldest are serving in the U.S. ARMY.

In 2010, the Library of Congress of United State of America, granted her an author copyright. Her first book was published in 2011, by authorhouse. com - entitle: "Historias Clásicas en Poemas de la Vida Real". Her Second book was published in 2012 by Xlibris. Com - is entitle Corazon Noble y Poemas. It is compose of a short novel and several prose poems. The third one was published in 2016, by Stafford. com – entitle <u>De Tú Vida a la Mía,</u> and <u>Voces de Dolor</u>

For the author, writing is sharing all wonders existing in her sold, her kindness, and her happiness and her sadness. She shares all the suffering she encountered during the different stages of her life and the lives of others. All of her writing paints vivid scenes of daily life.

Datos Sobre La Autora

Aida López, nació en San Sebastián, Puerto Rico en el 1944. Su cuna fue el barrio Alto Sano, donde creció junto a una hermana y dos hermanos. Fue miembro activo del movimiento juvenil católico de su barrio. En la Iglesia Católica de San Sebastián Mártir, fue bautizada, hizo su primera comunión y confirmación y de adulta contrajo matrimonio. Es graduada de la escuela Superior de su pueblo donde también obtuvo diploma en Educación Comercial. Cursó estudios en Mayagüez, Puerto Rico. De adulta joven, se estableció en el Estado Jardín (New Jersey) donde continuó con su educación académica por lo que obtuvo otros adiestramientos, diplomas y certificaciones. Fue dueña de varios pequeños negocios en Puerto Rico y New Jersey. Tiene tres hijos y una hija, todos mayores de edad y realizados. Tiene ocho nietos. Por lo presente está retirada; ayuda a una organización sin fines de lucros y escribe cuando se siente inspirada.

En el 2010, aplicó y obtuvo el derecho del Autor, otorgado por la "Librería Del Congreso de los Estados Unidos." Los libros titulados **DE TU VIDA A LA MIA** y **VOCES DE DOLOR,** son sus dos últimos libros publicados. Su primer libro, titulado **HISTORIAS CLASICAS EN POEMAS DE LA VIDA REAL**, fue publicado por authorhouse, en el 2012. El segundo libro **CORAZON NOBLE Y POEMAS,** fue publicado por Xlibris, en el 2013.

La escritora es amante de la justicia, e impulsa el valor de los buenos principios y la fe. Con su lenguaje sencillo demuestra su humildad, respeto y amor por su prójimo. Ella escribe en prosas, poemas, diálogos y novelas cortas. Casi todo de temas vivientes y llenos de emoción. Dramatizar o crear canciones con algunos de sus temas puede ser posible.

Mensajes por la autora

Tomado de la Biblia Guadalupana 1970.

"Quita de tu vida los vicios y malas decisiones y todo cambiara."

"Elige alegrías con positivismo en cada paso de tu vida."

"Para hacer feliz a los demás, tienes que ser feliz tú primero."

Matrimonio- Imagen de la unión de Cristo, con la Santa Iglesia

El bautizo es el <u>don</u> más grande que nos dejó, Jesucristo.

La verdadera compasión, ignora todo perjuicio. L: 10: 30-32

El que <u>no</u> ama se queda en la muerte. Carta a San Juan 14

Quien teme al Señor, será feliz y bendito será en el día de su fallecimiento. Eclesiástico: 1:19

Confía en Dios, y él te sacará a salvo. Eclesiástico 2:6

Cuando muera el hombre, su herencia serán, serpientes, sabandijas y gusanos. Eclesiástico 10: 13

El temor de Dios, se sobrepone a todas las cosas. Eclesiástico 25:14

Dios es un Padre de misericordia, el cual nos consuela en todas nuestras tribulaciones, Corintios 3:4'

La palabra está escrita por medio de los profetas, por disposición de Dios, siendo notificado a todos los gentiles para obediencia de fe. Romanos 25/26

El murmurador y el de dos lenguas son malditos, por que meten confusión entre muchos que vivían en paz.

El Señor, dirija nuestros corazones hacia el amor de Dios, y la paciencia de Cristo. Carta a los Timoteo 3:5

Humíllate a Dios y espera de su mano. 13:9

Ama a Dios, toda tu vida e invócale para que te salve 13:18

EL DIOS DE LA ESPERANZA OS COLME DE TODO GOZO Y PAZ EN LA FE, PARA QUE ABUNDAIS EN ESPERANZA POR LA VIRTUD DEL ESPERITU SANTO. Romano's 15: 13

Gracias

ALBERT PAZ, por tantos años de
servicios en nuestra comunidad.

GRAVIEL' TRAVEL, INC.
437 - 21 St. Ave.
Paterson, N.J. 07513
Tel. (973) 345-5767 * Fax (973) 345-0361
www.gabrieltravel.com

Aprobado por Albert Paz

Definiciones

By NTC Dictonaries

Escritora – Persona que escribe libros o artículos.

Autora – Persona que realiza algo, puede ser la autora de un libro, o de…

Autografía – Relato donde el autor cuenta su propia vida.

Biografía – Historia de la vida de una persona.

Poema – Composición literaria escrita o recitada que está formada por versos, que tiene ritmo y a menudo riman.

Poeta – Poetisa – Persona que escribe poesías.

Dialogo – Conversación entre dos o más personas en la que cada una contesta lo dicho por la otra.

Texto – Conjunto de palabras y frases que tienen una relación de contenido y forman un escrito.

Prosa – Manera de escribir que se diferencia de la poesía y que no necesita ritmo ni rima.

Poesía – Género literario al que pertenecen las obras escritas en verso.

Era - Etapa o periodo de tiempo de la historia de la humanidad que empieza con un hecho importante.

~ FIN ~

The End

Printed in the United States
By Bookmasters